# Schlafen und träumen

Kerstina von Hagenberg

Bibliografische Information der Deutschen
Nationalbibliothek:
Die Deutsche Nationalbibliothek verzeichnet diese
Publikation in der Deutschen Nationalbibliografie;
detaillierte bibliografische Daten sind im Internet über
http://dnb.dnb.de abrufbar.

© 2022 Kerstina von Hagenberg
Titelbild: Pixabay

Herstellung und Verlag:
BoD – Books on Demand, Norderstedt

ISBN: 9783756293995

*„Bin ich ein Mensch, der träumt,*
*er sei ein Schmetterling,*
*oder bin ich ein Schmetterling,*
*der träumt, er sei ein Mensch?"*


*~ Zhuangzi Dschuang Dschou ( 290 v. Chr.) ~*

# Inhaltsverzeichnis

# Physiologie von Schlaf und Traum

Im Schlaf sorgen Körper und Geist für Ordnung.
Das Immunsystem und der Stoffwechsel laufen
auf Hochtouren. Der Kreislauf regeneriert sich.
Schadhafte Zellen werden abgebaut, Giftstoffe
ausgeleitet, Muskeln entspannen sich.
Haare und Nägel wachsen nachts schneller.
Auch die Hautzellen erneuern sich im Schlaf
zügiger, deshalb heilen Wunden nachts besser ab.
Das Hormon Leptin ruft ein Gefühl von Sättigung
hervor, was den Fettabbau im Schlaf erhöht.

Durch diese veränderten Körperreaktionen kann
man sich „gesund schlafen" oder einen
„Schönheitsschlaf" nehmen.

Auch das Gehirn kommt nachts nicht zur Ruhe,
sondern beschäftigt sich mit Aufräum – und
Reparaturarbeiten.

Die Schlafphasen werden durch Nervenimpulse
gesteuert. In der ersten Schlafphase werden
Hormone ausgeschüttet, die dem Körper und
der Seele bei der Regeneration helfen.

Ein Nervenknoten über der Sehnervkreuzung, der suprachiasmatische Nucleus, nimmt das Verdunkeln wahr und leitet die Ausschüttung von  Hormonen ein.

Melatonin wird aktiv, sobald die Dunkelheit hereinbricht, und unterstützt das Einschlafen. Es wird in der Zirbeldrüse gebildet. Der Körper wandelt Serotonin in Melatonin um. Melatonin fördert den Haarwuchs. Es lindert Migräne, Depressionen und Arteriosklerose, fängt freie Radikale ab, beugt Herzinfarkten und Schlaganfällen vor und fördert die Ausschüttung von Wachstumshormonen. Entdeckt wurde Melatonin und seine sedierende Wirkung 1958 von Aaron B. Lerner, einem amerikanischen Dermatologen.

Der Hypothalamus mindert beim Einschlafen die Produktion von Orexin, das die geistige Aufmerksamkeit untertstützt.

Gegen Morgen wird Kortisol (auch: Cortisol) ausgeschüttet, das in der Nebennierenrinde gebildet wird und das Aufwachen einleitet.

Es ist ein Stresshormon, das katabole (abbauende) Stoffwechselvorgänge aktiviert und die Ausschüttung von Adrenalin und Noradrenalin unterstützt.

Messungen haben gezeigt, dass die Großhirnrinde im Schlaf fast genauso aktiv ist, wie im Wachzustand.

Die Gehirnzellen bauen nachts geistige Produkte ab und unterteilen sie in wichtige und nichtige Informationen.

Das Gedächtnis speichert neu gewonnene Muster ab und schärft das Erinnerungsvermögen.

Deshalb nutzt es, Wissen vor dem Einschlafen zu wiederholen, wie zum Beispiel Vokabeln vor einem Test.

Die Forscher Susanne Diekelmann und Jan Born vermuten, dass das Gedächtnis Erlerntes gerade durch den Wechsel der Schlafphasen unterstützt.

Auch Gefühle beeinflussen das Gedächtnis: was man mag, merkt man sich leichter. Wissenschaftler raten deshalb auch, nach traumatischen Erlebnissen nicht sofort zu schlafen, weil sich auch diese Erinnerungen dann leichter einprägen.

Dr. Joseph Murphy empfahl, vor dem Einschlafen Ziele und Wünsche in wenigen Worten zu formulieren, damit das Unterbewusstsein die Einstellung dazu verstärken kann.

Die Schlafforschung unterscheidet in Kurz – und Langschläfer und in verschiedene Typen nach dem Zeitpunkt des Einschlafens.

Durch Sinnreize können Schlafende geweckt werden, zum Beispiel durch Licht, Geräusche, Berührungen, Temperatur oder Gerüche.
Eine Mutter erwacht sehr leicht, wenn ihr Kind unruhig schläft, dieser Effekt wird „Ammenschlaf" genannt.

Die Nachtruhe besteht aus mehreren Phasen:
- Phase 1 =     einschlafen, dösen,
                oberflächlicher Schlaf
- Phase 2 =     leichter, aber stabiler Schlaf
- Phase 3 =     Tiefschlaf, die Muskulatur
                entspannt sich, der Herzschlag
                wird langsamer
- Phase 4 =     REM – Phase, Traumschlaf mit
                typischen Körperreaktionen

Jede Schlafperiode besteht aus Schlafvertiefungs –
und Schlafverflachungsphasen.

Traumphasen beginnen ca. 90 Minuten nach dem
Einschlafen.

Die erste Periode dauert ca. 5 – 10 Minuten.

Im Rhythmus von 90 Minuten wiederholen sich
die Traumphasen, die immer länger werden, die
letzte Phase kann 30 bis 40 Minuten dauern.

Je nach Schlafdauer kann dieser Wechsel 4 bis 7
Mal auftreten.

In der intensivsten, längsten Traumphase kann es
zu Augenbewegungen kommen, deshalb wird sie
**Rapid Eye Movement**, oder kurz **REM – Phase,**
genannt.

Die REM – Phase unterscheidet sich von den
anderen Schlafzuständen.

Das Gehirn ist so aktiv, wie im Wachzustand.

Auch der Puls steigt an, der Atem wird
unregelmäßig und der Muskeltonus sinkt ab.

Fehlt die Abnahme des Muskeltonus, äußert der
Schlafende seine Traumerlebnisse durch schlagen,
wälzen, sprechen oder fällt sogar aus dem Bett.

Die Temperatur steigt um 0,3 bis 0,6 Grad an.

Das EEG zeichnet Beta – Frequenzen wie im
Wachzustand auf.

Die REM – Phase wird durch die Neurotransmitter Acethylcholin und Dopamin beeinflusst.
Zwei Forscher aus Amerika (Prof. Nathaniel Kleitmann und Eugene Aserinsky) definierten im Jahr 1953 die REM – Phase als Traumzeit.

Ein Erwachsener verbringt jede Nacht ungefähr 1,5 Stunden mit Träumen, also ca. 20 % der Schlafzeit.
Wir träumen auch in leichten Schlafzuständen, aber die Erinnerung an die Bilder aus der REM – Phase sind am stärksten.

Die ersten, kürzeren Träume der Nacht orientieren sich gewöhnlich eher an der Gegenwart, sind weniger emotional und nicht so verzerrt in Bezug auf Raum und Zeit, als später auftretende Träume.

Eine optimale Schlafdauer wird mit 5 – 8 Stunden angesetzt.
Männer benötigen meistens weniger Schlaf, als Frauen.
Babys schlafen zwischen 14 und 18 Stunden am Tag.

Beim Einschlafen löst sich der Körper automatisch von der Außenwelt, indem er das sensorische System und die Kontrolle über den motorischen Apparat ausschaltet. Dabei kommt es in den Gliedern und dem Rumpf zu leichten Zuckungen. Der Puls, die Atemfrequenz und der Blutdruck sinken ab.
Auch die Körpertemperatur sinkt um bis zu einem Grad Celsius ab. Am späten Nachmittag ist die Körpertemperatur am höchsten, mindert sich aber im Verlauf des Abends.

Jeder Mensch wacht bis zu 28 Mal in der Nacht auf, meistens ohne es selbst zu merken.
Ungefähr fünf Mal drehen sich Menschen im Schlaf herum.

Links – und Rechtshänder wechseln im Schlaf ihre Schwerpunktseite, das heißt, der Rechtshänder bewegt die linke Hand häufiger und umgekehrt.

Ungefähr ein Drittel unseres Lebens verbringen wir mit dem Schlafen.

Schlaf ist ein sehr aktiver und organisierter Prozess.

# Schlafstörungen

Schlafentzug führt zu Beeinträchtigungen in der Aufmerksamkeit, dem Reaktionsvermögen und der Konzentration. Er wird mit Reizbarkeit, Launen und Trugwahrnehmung bis hin zu Persönlichkeitsstörungen begleitet.
Schlafmangel fördert Bluthochdruck, Diabetes, Depression und Tagesmüdigkeit.
Schlafstörungen schränken die Lebensqualität ein und stellen Risikofaktoren im öffentlichen Leben dar.
Jeder vierte Autounfall wird übermüdeten Fahrern zugeschrieben, wie auch die meisten durch Menschen verursachten Katastrophen.

Im Durchschnitt schlafen Menschen innerhalb von 15 Minuten ein. Dauert das Einschlafen länger als 30 Minuten, spricht man von einer Einschlafstörung.

Schlafstörungen können verschiedene Ursachen haben.
Bewegungsmangel über den Tag kann zu einem unruhigen Schlaf führen. Stress, Angst und Überforderung lassen Geist und Seele nicht zur Ruhe kommen.

Depressionen sorgen für einen unregelmäßigen Schlaf.

Pharmakologische Ursachen liegen im Konsum von Kaffee, Nikotin, Alkohol, Medikamenten oder Drogen. Sie bringen den Biorhythmus durcheinander und sorgen so für unausgeglichene Ruhezeiten.

Organische Probleme wie Asthma, Übersäuerung des Körpers, Nieren – oder Blasenleiden, Krämpfe, Schmerzen, Herzkrankheiten oder hormonelle Veränderungen wie bei einer Schwangerschaft, in den Wechseljahren oder der Pubertät können die Nachtruhe beeinflussen.

**Die Wolfsstunde**

Nachts um drei Uhr wird von der Wolfsstunde gesprochen.

Der Ausdruck stammt wahrscheinlich aus dem Mittelalter, als um diese Zeit Wölfe aktiv waren.

Manche Menschen wachen gegen drei Uhr morgens abrupt auf.

Um diese Zeit ist der Melatoninspiegel sehr hoch, nimmt aber schrittweise ab, weil Kortisol gebildet wird, das die Aufwachphase einleitet.

Arbeiten die beiden Hormone nicht synchron, weckt der unausgeglichene Hormonspiegel den Schlafenden auf.

Oft ist es nicht möglich, sofort wieder zu schlafen. Es wird empfohlen, das Licht kurz einzuschalten (das fördert die Rückbildung des Melatonin) oder kurz aufzustehen und sich zu bewegen.

Die Hormone pendeln sich dann wieder ein und sorgen für ein leichteres Ein – und Weiterschlafen. Menschen, die oft erst spät in der Nacht zu Bett gehen, versäumen die Regenerationsphasen, die überwiegend vor der Wolfsstunde stattfinden.

**Schnarchen** (Rhonchopathie)
Das Schnarchen ist ein Zeichen für instabile obere Atemwege.
Mit zunehmendem Alter ist fast jeder zweite Erwachsene davon betroffen.
Übergewichtige neigen eher zum Schnarchen.

Im Schlaf erschlafft die Rachenmuskulatur, dadurch flattern der Gaumensegel und die Rachenzäpfchen, was ein reibendes Geräusch erzeugt.

Ursachen können in verengten Atemwegen liegen, zum Beispiel bei einer Infektion, durch Allergien oder vergrößerte Rachen – und Gaumenmuskeln. Ständiges Schnarchen kann auf eine Schlafapnoe hinweisen.

Vor dem Schlafen gehen eine Nasendusche mit Salzlösung (Emser Sole zum Beispiel) zu nutzen, kann lindernd wirken.

Auch das Tragen von Nasenklammern oder Nasenpflastern hat sich bewährt.

Die Rückenlage sollte vermieden oder der Oberkörper erhöht gebettet werden.

Am Abend keinen Alkohol zu trinken wirkt sich positiv aus.

Durch spielen von Blasinstrumenten oder lautes singen kann die Gaumenmuskulatur trainiert werden.

**Nachtschweiß** (nächtliche Hyperhidrose)
Es ist normal, nachts bis zu 1,5 Liter Schweiß abzusondern. Dadurch werden Fremdstoffe ausgeschieden.

Übermäßiges Schwitzen über einen längeren Zeitraum wird als Begleitsymptom verschiedener Erkrankungen eingestuft.

Die Schwitzattacke betrifft hauptsächlich Partien auf der Brust, dem Rücken, am Kopf und im Nacken. Nach dem Schweißausbruch folgen meistens Schüttelfrost oder Frieren.

Ursachen können organische Erkrankungen wie Diabetes, Schilddrüsenüberfunktion, hormonelle Schwankungen, Bluthochdruck, Schlafapnoe, Autoimmunerkrankungen, Infektionskrankheiten, Erkältungen, Fieber, Übersäuerung des Körpers, Schmerzen, Rheuma oder Krebs sein.

Psychische Belastungen wie Angststörungen, Stress oder Depressionen können nächtliche Schweißausbrüche unterstützen.

Auch Alkohol, Drogen, Medikamente, Nikotin oder scharfe Gewürze zum Abendessen tragen zur Schweißabsonderung bei.

Ungünstige Schlafbedingungen, wie ein zu warmes Schlafzimmer oder eine zu hohe Luftfeuchtigkeit, unterstützen die Hyperhidrose.

Kommt es regelmäßig über Wochen zu solchen Schweißausbrüchen, sollte unbedingt ein Arzt hinzu gezogen werden.

Wer von Hyperhidrose betroffen ist, neigt oft auch tagsüber zu Schweißabsonderungen, vor allem unter den Achseln und in den Handinnenflächen. Der Nachtschweiß kann zu Schlafstörungen führen.

**Parasomnie**

Unter diesem Begriff werden Auffälligkeiten während der Schlafzeit zusammengefasst.

Hierzu gehören Schlafwandeln, Schlaftrunkenheit, Nachtangst, im Schlaf sprechen, Einnässen, Zähneknirschen, Zuckungen, Wadenkrämpfe und Albträume.

Im Kindesalter treten diese Schlafstörungen manchmal durch den Reifungsprozess des Gehirns auf und klingen im weiteren Verlauf ab. Bei Erwachsenen treten sie häufig als Begleiterscheinung zu anderen Erkrankungen auf.

**Schlafwandeln** (Somnabulismus)

Beim Schlafwandeln steht der Betroffene während der Schlafphase langsam auf und beschäftigt sich, wobei er manchmal undeutlich spricht.

Eine Gefahr besteht darin, dass die Aktionen spontan und unkontrolliert sind, – der Betroffene kann das Haus verlassen, ungenießbare Dinge essen oder sich oder andere verletzen. Er erkennt keine Hindernisse oder Gefahren.

Schlafwandler bewegen sich auf Lichtquellen zu, wodurch der Ausdruck „Mondsucht" geprägt wurde.

Heute wird auch von Aufwachstörung gesprochen, weil der Betroffene halb wach ist.

Schlafwandeln tritt selten in der REM – Phase auf, eher in Tief – oder Normalschlafphasen. Wahrscheinlich wird der Schlafwandler durch einen inneren oder äußeren Reiz stimuliert, erwacht aber nicht vollständig.

Betroffene sollen nicht abrupt geweckt werden. Es wird empfohlen, sie zum Bett zu geleiten und sanft und ruhig dabei zu sprechen. Auch der Vorname soll nur leise und weich ausgesprochen werden.

Die betreffende Person hat nach dem Aufwachen keine Erinnerungen an die Situation.

Kinder leiden manchmal an Somnabulismus, was aber wieder abklingt. Ungefähr 15 % – 30 % aller Kinder sind betroffen.

Das Erstmalige Auftreten im Erwachsenenalter ist selten.

Die Ursache wird genetisch vermutet, weil oft mehrere Personen in einer Familie betroffen sind.

Selten ist Somnabulismus mit traumatischen Erlebnissen verbunden.

Auch diverse Medikamente, Alkohol, Fieber und Stresssituationen können Schlafwandeln unterstützen.

Therapieansätze zielen darauf ab, den Schlafdruck zu lockern.

Hierzu können gezielt Kurzschlafpausen am Tag unternommen werden oder Entspannungstechniken wie Meditation, Muskelrelaxion oder Autogenes Training Anwendung finden.

Psychotherapien wirken unterstützend.

Das Umfeld sollte sich auf den Schlafwandler einstellen. Gefahrenquellen müssen vermieden werden. Schlösser oder Glöckchen an Fenster und Türen können schützen.


**Nachtangst** (Pavor Nocturns )

Die Betroffenen schrecken nachts mehrmals erregt auf, schreien dabei, wimmern, reißen die Augen auf oder bewegen sich heftig.

Sie wirken unruhig und verwirrt.

Der Puls rast meistens, das Herz schlägt schnell und der Betroffene schwitzt plötzlich.
Die Attacke dauert nur Sekunden oder wenige Minuten.
Nach dem Aufwachen kann sich die Person nicht an die nächtliche Störung erinnern.
Die Nachtangst tritt häufig im ersten Drittel einer Schlafphase auf.

Kinder die Schlafwandeln neigen häufig auch zu Pavor Nocturns. Betroffen sind ungefähr 6 % aller Kinder zwischen dem 4. und 12. Lebensjahr, Jungen eher, als Mädchen. Die Anzeichen gehen im Jugendalter zurück.
Nur ein Prozent aller Erwachsenen zwischen dem 20. und 30. Lebensjahr leiden an Nachtangst.
Bei Erwachsenen kann die Ursache in einer posttraumatischen Belastungsstörung, einer Persönlichkeitsstörung oder Angstzuständen liegen. Auch Betäubungsmittel oder Alkohol können Pavor Nocturns auslösen.
Grundsätzlich wird aber als Ursache eine genetische Vorbelastung angenommen.

**Zirkadiane Schlaf – Wach – Rhythmusstörung**
Sie zeichnet sich durch einen unregelmäßigen
Schlaf – Wach – Zyklus und verzögerten
Schlafphasen aus.
Das Syndrom gilt als nicht organisch.
Die betreffenden Personen schlafen nicht zu den
üblichen Zeiten, sind nachts aktiv, tagsüber aber
müde und schläfrig.
Sie kommt im Zusammenhang mit dem „Jetlag",
zum Beispiel durch die Zeitverschiebung nach
Langzeitflügen, oder bei Schichtarbeiter/Innen vor.

**Schläfrigkeit** (Hypersomnie)
Bei der Hypersomnie ist das Schlafbedürfnis
extrem erhöht und tritt auch tagsüber auf. Sie
zeichnet sich durch andauernde Schläfrigkeit aus
und wird auch als „Schlafsucht" bezeichnet.
Aufmerksamkeit und Wachheit sind vermindert,
es kommt zu rascher Erschöpfung.
Hyersomnie kann eine Begleiterscheinung bei
Narkolepsie sein. Aber sie tritt auch während
der Menstruation auf oder als Nebenerscheinung
bei körperlichen oder psychischen Erkrankungen,
wie zum Beispiel bei der Schlafapnoe.

**Restless – Legs – Syndrom**
Beim Einschlafen kommt es zu Missempfindungen
in den Beinen und manchmal auch in den Armen.
Kribbeln und ziehende oder stechende Schmerzen
treten auf. Der Betroffene verspürt den Drang sich
zu bewegen und zuckt mit den Beinen.
RLS entsteht oft bei Durchblutungsstörungen,
chronischen Nerven – oder Muskelerkrankungen,
Alkoholismus, Süchten oder Vitaminmangel und
kann die Einschlafphase enorm verzögern.
Insgesamt sind ca. 5 – 10 % der Bevölkerung
davon betroffen, Männer häufiger, als Frauen.


**Zähneknirschen** (Bruxismus)
Ursachen für wiederholendes Zähneknirschen
können in seelischen Spannungen liegen, dann
kann eine Psychotherapie hilfreich sein oder
Entspannungstechniken vor dem Einschlafen.
Auch bei einer Kieferschiefstellung tritt Bruxismus
auf. Hier können eine Gebissregulierung und
gezielte Übungen zur Kieferentspannung lindernd
wirken.

## Insomnie

Diese Schlafstörung ist durch lang andauernde Einschlafphasen, Durchschlafstörungen und frühes Erwachen geprägt.

Tritt dies länger als 6 Monate mindestens 3 x pro Woche auf, wird von einer Insomnie gesprochen. Sie kann weitere körperliche und psychische Beeinträchtigungen auslösen, wie gemindertes Reaktionsvermögen, Konzentrationsstörungen, beeinträchtigte Leistungsfähigkeit, Leidensdruck, Erschöpfungszustände, Atemstörungen, Unruhe, Kopfschmerzen, Depressionen, niedriger Blutdruck, Nervosität und Herz – Kreislauf – Krankheiten.

Über den Tag besteht ein erhöhtes Schlafbedürfnis. Die Störung kann akut auftreten und wieder abklingen oder einen chronischen Verlauf nehmen. Ungefähr 6 % der Bevölkerung sind von chronischer Insomnie betroffen.

Insomnie kann eine Begleiterscheinung zu anderen Erkrankungen sein, wie Juckreiz (zum Beispiel durch eine Allergie oder Flechte etc.), chronische Schmerzen, hormonelle Erkrankungen wie Schilddrüsenüberfunktion, Tinnitus, Asthma, Herz – Kreislauf – Beschwerden, Prostataleiden, Harndrang, Erkältung, Sodbrennen, Depressionen, Lungen – und Nierenkrankheiten, Angstzuständen,

Multiple Sklerose, Restless – Legs – Syndrom oder dem Burn – Out – Syndrom.

Auch psychischer Stress löst Hormone aus, die wach halten. Dabei ist es nebensächlich, ob der Druck durch positive oder negative Situationen ausgelöst wird. Beruflicher oder privater Ärger kann ebenso Unruhe verbreiten, wie Reisefieber, Prüfungsangst oder freudige Ereignisse.

Manche Medikamente können Schlafstörungen unterstützen.

Schwangerschaft, Wechseljahre und auch die Pubertät können von Insomnie begleitet sein.

**Schlafapnoe**

Erst in den 70er Jahren wurde man auf diese Krankheit aufmerksam.

Bei den meisten Menschen wird die Schlafapnoe nicht erkannt, weil sie sich nicht untersuchen lassen.

Nur ungefähr 10 % der Betroffenen nehmen die Erkrankung als solche wahr.

Ab dem 60. Lebensjahr steigt die Gefahr, an einer Schlafapnoe zu erkranken.

Männer sind häufiger betroffen, als Frauen.

Sie kann die Lebensdauer um Jahre verkürzen.

Bei dem Schlafenden wird mehrmals pro Nacht die Sauerstoffzufuhr reduziert. Der Mangel an Sauerstoff im Blut ruft eine Weckreaktion hervor. Richtig wach wird der Schlafende jedoch nicht, er atmet meistens einmal kräftiger durch, dann schläft er wieder ein.

Diese anhaltenden Atemstörungen bedeuten für Körper und Seele enormen Stress.

Bei einer unbehandelten Erkrankung kann das Risiko von Herzerkrankungen und Bluthochdruck steigen.

Sie kann auch zu psychischen Erkrankungen wie Depressionen führen.

Oft bemerken nicht die Betroffenen selbst zuerst die Erkrankung, sondern die Partner durch ihre Beobachtungen.

Untersuchungen finden in einem Schlaflabor statt.

Die Krankheit wird in zwei Typen unterschieden, die obstruktive Schlafapnoe (OSA genannt) und die zentrale Schlafapnoe (ZSA genannt).

Das vermehrte Auftreten der obstruktiven Schlafapnoe (OSA) hängt mit Zunahme der Zivilisationskrankheiten Übergewicht, Diabetes und Stress zusammen.

Sie ist geprägt durch einen kurzzeitigen Verschluss der oberen Atemwege, weil die Zungenmuskel erschlaffen.

Die zentrale Schlafapnoe (ZSA) betrifft nur ca. 5 % der Erkrankten. Hier führt eine Störung im zentralen Nervensystem dazu, dass die Atemmuskulatur nicht einwandfrei funktioniert.

Auch die Cheyne – Stokes – Atmung (CSA) zählt zu diesen Atmungsstörungen. Hierbei wechseln sich flache und tiefe Atemzüge und Atemaussetzer im Schlaf ab.

Auch gesunde Menschen erleben manchmal Atemaussetzer während der Schlafphasen.

Atemstillstände können zum Aufwachen und dann weiterhin zu Atemnot führen.

Weitere Schlafstörungen wie Insomnie, unruhiger Schlaf, nächtliches Schwitzen, lautes Schnarchen und häufiger nächtlicher Harndrang begleiten die Apnoe.

Tagesmüdigkeit, Sekundenschlaf, Erschöpfung, Gedächtnisprobleme, Konzentrationsstörungen, Stimmungsschwankungen, Leistungsabfall und Kopfschmerzen beim Aufwachen resultieren aus der Unruhe der Nacht.
Depressive Verstimmungen tauchen öfter bei Frauen auf.

Körperliche Beschaffenheiten können fördernd auf eine Apnoe einwirken, wie vergrößerte Mandeln oder Polypen, ein weit zurückliegender Unterkiefer, eine vergrößerte Zunge, Übergewicht, eine schiefe Nasenscheidewand, Fettablagerungen im Gaumen – und Rachenbereich oder eine Verengung der oberen Atemwege.
Rauchen, Alkohol und das Lebensalter können die Schlafatmung ebenfalls beeinflussen.
Das Schlafen in Rückenlage unterstützt die Apnoe.

Zu den Folgeerscheinungen zählen Diabetes, Depressionen, Bluthochdruck, Herzinfarkt, Schlaganfall, Herzrhythmusstörungen und Tagesmüdigkeit.

Die Therapie erfolgt in einem Schlaflabor.
Meistens werden Schlafmasken oder Zungenschrittmacher zur Behandlung eingesetzt.

**Schlafattacken** (Narkolepsie)

Hinter der Narkolepsie werden genetisch bedingte neurologische Auslöser vermutet. Der Teil des Gehirns, der für den Wach – und Schlafrhythmus zuständig ist, weist eine Störung auf.

Die betroffenen Personen schlafen tagsüber unerwartet ein. Sie sacken plötzlich zusammen, nicken beim Reden, beim Essen oder während einer Bahnfahrt ad hoc ein.

Bei 80 % bis 90 % der Betroffenen ist das Verhalten mit einer Katalepsie verbunden, bei der die Muskeln plötzlich erschlaffen.

Der Gang wird unsicher durch torkeln oder schwanken und die Aussprache undeutlich und langsam, bevor die Schlafattacke einbricht.

Begonnene Arbeiten werden oft mechanisch weitergeführt, was zu gefährlichen Situationen im Haushalt, bei der Arbeit und im Straßenverkehr führen kann.

Dämmerlicht und monotone, langweilige Situationen und anhaltendes passives Verhalten, wie zum Beispiel langes Sitzen, fördern den Schlafdrang.

Die Behandlung erfolgt im Schlaflabor.

Das Umfeld des Kranken muss informiert sein, um eingreifen zu können.

Im Lebensraum sollten Gefahrensituationen vermieden werden.

**Starrsucht** (Katalepsie)
Bei der Katalepsie geht die Kontrolle über den Muskeltonus verloren, die Muskeln erschlaffen plötzlich, deshalb sacken die Betroffenen zusammen, bleiben aber bei vollem Bewusstsein. Eine Kommunikation ist trotzdem nicht möglich, weil die Aussprache gestört ist. Die Körperhaltung wird lange und unerwünscht beibehalten.
Bei einer plötzlichen Attacke fällt die Person hin oder lässt Gegenstände fallen.
Die Auslöser finden sich oft in spontanen Gefühlsbewegungen, wie Lachen, Freude, Überraschung, Erschrecken oder Furcht.
Eine Attacke dauert oft nur wenige Sekunden.
Ungefähr die Hälfte der Betroffenen leiden an einer Schlaflähmung, die nur wenige Minuten anhält, aber oft starke Angstzustände auslöst.
Begleitet werden kann Katalepsie zusätzlich von Kopfschmerzen, Migräne, Gedächtnisverlust, Depressionen und Persönlichkeitsveränderungen.

# Ein – und Durchschlaf – Tipps

Die Ernährung nimmt einen großen Einfluss auf das Schlafverhalten: Alkohol, Nikotin, Kaffee, Energy – Drinks, Schokolade, schwarzer oder grüner Tee, Fettreiche Speisen und scharfe Gewürze sollten vor allem am späten Abend gemieden werden.
Die letzte Mahlzeit sollte 2 – 3 Stunden vor dem Schlafen gehen gegessen werden.

Mandeln enthalten Schlaf förderndes Tryptophan und Magnesium, das zur Muskelentspannung beiträgt.
Thunfisch beinhaltet Vitamin B6, das die Produktion von Melatonin anhebt.
Vitamin B6 kommt außerdem in Bananen, Kicherbsen und Lachs vor.
Walnüsse enthalten Melatonin, wie auch Cranberrys, einige Pilze (Steinpilze, Champignons, Pfifferlinge) und Getreide (Reis, Mais, Weizen, Hafer, Gerste), Senfsamen, Paprika, getrocknete Tomaten, Linsen, Kidneybohnen – Keimlinge, rohe Eier und Milch, besonders von Heu – und Gras fressenden Kühen.

Kirschen enthalten Melatonin und die Aminosäure Tryptophan. Bei anhaltenden Schlafstörungen hat sich das regelmäßige trinken von Kirschsaft am Abend bewährt.

Warme Milch mit Honig ist ein altbewährtes Rezept.

Einschlaftees mit Baldrian, Kamille, Mistel oder Passionsblume verhelfen zur Ruhe.

Ein ausgewogener Tagesrhythmus, bei dem wir im Gleichklang bleiben, fördert einen ebenso ausgeglichenen Schlaf.

Ein aktiver Alltag ist das Wichtigste für einen gesunden Schlaf. Mangelt es an Bewegung über den Tag, kann ein regelmäßiger Abendspaziergang fördernd wirken.

Das Schlafzimmer spielt eine große Rolle. Elektrische Geräte wie Wecker und Fernsehgeräte sollten im Schlafzimmer vermieden werden. Menschen, die sensibel auf „Elektro – Smog" reagieren, können Netzfreischalter einbauen, um den Einfluss zu lindern.

Für die Wirbelsäule ist es wichtig, auf einer festen Matratze zu liegen. Atmungsaktive Bettwäsche fördert das Wohlgefühl.

Vor dem Schlafen das Zimmer 15 – 30 Minuten zu lüften fördert das Einschlafen.
Experten empfehlen eine Raumtemperatur zwischen 16 und 23 Grad Celsius.

Aktivitäten sollten am Abend reduziert werden, keine aufregenden Filme schauen, keinen Denk – Sport oder aufreibende Unterlagen bearbeiten und keinen Sport treiben.

Vor dem zu Bett gehen kann ein Kräuterbad von 15 – 20 Minuten entspannend wirken, wie auch eine Fuß – und Gesichtsmassage.

Aromen wie Lavendel, Ylang Ylang, Mandel oder Kamille wirken beruhigend.

Kalte Wadenwickel regen die Durchblutung an und lösen dadurch ein Wärmegefühl im Körper aus, so verhelfen sie vor allem Menschen mit kalten Füßen zu einem besseren Einschlafgefühl.

Entspannungstechniken wie Autogenes Training, Meditation oder Muskelrelaxion anzuwenden, fördern die Einschlafphase.

Auch Atemtechniken helfen, in den Schlaf zu gelangen. Durch die Nase einatmen und dabei bis 3 (oder 5) zu zählen, durch den Mund ausatmen und ebenfalls zählen, erinnert nicht nur an das Schafe zählen, sondern macht wirklich müde. Alternativ kann auch das Wiederholen von ein oder zwei (positiven) Worten eindämmend wirken.
Das Singen von langsamen Liedern verhilft nicht nur Kleinkindern zur inneren Ruhe.

Wer morgens langsam wach wird, kann sich mit einer Wechseldusche auf Touren bringen. Dabei strahlt man den Körper zuerst warm von unten nach oben ab und anschließend wieder von unten nach oben mit kaltem Wasser.

Manchmal spielt es eine große Rolle, zu welcher Uhrzeit der Betreffende wach wird, um schnell fit zu werden. Um den persönlich angenehmste Zeitpunkt herauszufinden, bietet es sich an, den Wecker früher zu stellen und sich selbst zu prüfen.

## Schlafprotokoll

Bei vielen Schlafproblemen ist es hilfreich, ein Schlafprotokoll zu führen.
Vorgefertigte Listen hierzu finden sich im Internet.
Zur Einstufung mancher Fragen können Schulnoten dienen oder persönliche Kürzel.
Es kann auch ein eigener, individueller Plan erstellt werden.


Notiert werden können:
* das Gefühl vor dem Einschlafen
* Körpergefühl und Ereignisse des Vortages
* Tagesmüdigkeit mit entsprechender Uhrzeit, Länge, Intensität
* Wie viel Alkohol, Zigaretten, Kaffee etc. und wann zuletzt
* Einschlafhilfen, wie Entspannungstechniken, Spaziergang, Tee usw.
* Uhrzeit des zu Bett gehen
* Dauer der Einschlafphase
* Schlafdauer insgesamt
* nächtliches Aufwachen
* Gefühl beim Aufwachen

# Träume

Jeder Mensch träumt jede Nacht.
In Träumen drücken sich die emotionalen und
mentalen Verbindungen zum Leben aus.
Deshalb sind sie ein wichtiger Teil von uns.
Sie sind rätselhaft, faszinierend, beeindruckend
und entbehren jeder Logik und Vernunft.
Träume sind Gedanken und Gefühle in bewegten
Bildern.
Körperliche Beschwerden können das Seelenwohl
und auch die Trauminhalte beeinflussen.
Die Reaktionen aus dem Nervensystem wirken auf
den Gemütszustand ein, wie auch der Blutfluss.
Medikamente, Alkohol und Drogen können die
Traumphasen beeinflussen.

Im Gehirn werden Areale zum Träumen aktiviert,
die für Emotionen, visuelle Wahrnehmung und
Motorik zuständig sind.
Nicht nur das Gehirn ist nachts aktiv, auch die
Seele arbeitet weiter.
Weil keine Informationen mehr aus dem Umfeld
bis zu uns vordringen, wechseln wir den
Bewusstseinszustand.
Bilder, die wir im Wachzustand gespeichert haben,
tauchen in der Traumlandschaft auf.

In der Übergangsphase vom Wachen zum Schlafen nehmen wir oft schon Bilder wahr, diese werden hypnagogische Bilder genannt; – sie spiegeln meistens die letzten Gedanken des Tages wider.

Erlebnisse werden nachts verarbeitet und durch die Ruhephase als Erinnerung gespeichert.
Träume können auf unsere Schwächen und Stärken hinweisen, auf unsere Sehnsüchte und Wünsche.
Sie zeigen die persönliche Entwicklung auf; – positive, wie auch negative Veränderungen.

Träume bewerten in der Regel jüngst vergangene Lebensereignisse.
Am Vortag unerledigte Aufgaben fließen oft in die Traumbilder ein, oder Gedanken, die nicht zu Ende gebracht wurden. Die Hauptthemen und Eindrücke der letzten Tage, besonders wenn sie ärgerlich oder belastend waren, drücken sich gerne in Träumen aus.

Wiederkehrende Bilder können uns mit der Vergangenheit verbinden und dadurch helfen, offene Angelegenheiten aufzuarbeiten.
Sie können die Bedeutungen von Erlebnissen aufzeigen.

Träume mit anhaltender Erinnerung können sehr Aussagekräftig sein, ihre Dynamik ist spürbar.
Sie können versteckte Wunden, aber auch neue Anregungen und Inspirationen beleuchten.

Träume zeigen auch Positives, wie Vorfreude oder aktuelle Hochphasen.

Wer sich mit seinen Träumen auseinandersetzen will, muss bereit sein, in die eigene Tiefe zu schauen, was nicht immer einfach und angenehm ist.

Die bildhafte Vorstellung steht mit dem unbewussten Denkprozess in Verbindung.
Während der REM Phase sind die bildhaften Träume am Stärksten.

Ungefähr 25 % der Traumbilder sind Realitätsnah, weitere 25 % enthalten bizarre, fantasievolle Eindrücke und etwa 50 % sind Mischformen aus realen und irrealen Vorstellungen.
Auch auditive Wahrnehmungen, wie Gespräche oder Musik tauchen bei ca. 70 % der Träume auf.
Empfindungen wie Geschmack, Geruch und Schmerz dagegen kommen sehr selten vor.

Farbwahrnehmungen spielen eine untergeordnete Rolle, außer wenn die Farbe eine prägende Verbindung zur Realität zieht. Farblose Träume sind selten.

In fast allen Träumen spielt der Träumende eine Rolle (zu über 90 %).

Kreative Menschen träumen angeblich lebendiger und bizarrer.

Bei 4 – 5 jährigen Kindern wurde das Phänomen beobachtet, dass sie die Hälfte ihrer Träume mit Tieren ausschmücken.

Die Persönlichkeitsstruktur des Träumenden fließt stark in die Bilder mit ein.
Die individuelle Einstellung zum Leben spiegelt sich in Grundmustern wider.

Die Selbstwahrnehmung ist oft verzogen, weil wir unseren persönlichen Mythos aufrecht erhalten wollen und Wahrheiten vor uns selbst verheimlichen, wie zum Beispiel die eigenen Schwächen und unerfüllten Ziele.

Lebenslügen existieren nur im Wachzustand, wie die eigene Unverwundbarkeit und Stärke, das Verleugnen von Bedürfnissen, Erziehungsresultate oder die Erwartungen anderer erfüllen zu müssen. Diese Kluft zwischen verschleierten Lügen im Wachzustand und die Wahrheit der Träume kann durch kritische Traum – Analyse überwunden werden.

Manchmal durchschaut man schnell die Deutung eines Traumes, ist aber unfähig, die Täuschung im realen Leben zu verändern, die emotionale Blockade zu überwinden.

Träume können durch eine Situation aus dem gegenwärtigen Alltag einen unerledigten Konflikt aus der Vergangenheit zeigen.
Es ist nicht immer einfach, mit solchen Altlasten umzugehen, bzw. auf sie zuzugehen, weil wir dazu neigen, Unannehmlichkeiten zu verdrängen.

Träume setzen spontane Ideen frei, Kreativität und Selbstinteresse, sie formen einen inneren Dialog. Mit einem Traum in Verbindung gebrachte Gefühle können die Stimmung beim Aufwachen beeinflussen und sich in den Tag hinein tragen.

Die Traumgefühle nehmen gleichermaßen positiven oder negativen Charakter an.

Wer im Wachszustand dazu neigt, Problemen aus dem Weg zu gehen, neigt auch dazu, seine Träume zu verdrängen. Wer sich für seine Träume interessiert, erinnert sich leichter an sie.

Träume haben schon einigen Erfindern Wege gezeigt, um ihre Projekte zu verwirklichen.
Sie tauchen in religiösen Büchern auf und gaben entscheidende Ratschläge und Weisungen.

Traumdeutungen können aus unterschiedlichen Perspektiven angegangen werden, aus kultureller Sicht, aus psychologischer oder physiologischer Betrachtungsweise oder spirituell – religiös.

Die persönliche Grundeinstellung nimmt den größten Einfluss.
Träume werden durch Emotionen gelenkt.

# Traumformen

## Luzide Träume

In luziden Träumen wird dem Schlafenden bewusst, dass er träumt.

Diese Form des Träumens begleitet oft die Aufwachphase. Das Geschehen wird manchmal beeinflusst, weil der Wachzustand immer bewusster wird.

Oft wirkt der luzide Traum irreal, weil wichtige Details fehlen, die der Träumer hinterfragt und dadurch Einfluss auf den Traum nimmt.

Sie können aber auch Albträume begleiten, weil der Schlafende sich wünscht, zu erwachen.

Die luziden Phasen sind oft sehr kurz und führen meistens schnell zum Erwachen.

Forscher haben die Beobachtung gemacht, dass Menschen, die häufig meditieren, eher zu luziden Träumen neigen. Außerdem wurde festgestellt, dass der frontale Cortex (Stirnhirn) bei luziden Träumen erheblich aktiver ist, als in anderen Traumzuständen.

## Wiederholende Träume

Ein Lebensproblem, das noch nicht gelöst wurde, kann sich in Träumen immer wieder bemerkbar machen.

Veränderte Details in diesen Traumbildern können auf Entwicklungen hinweisen, – im positiven, wie im negativen Sinn.

Oft spielen schmerzhafte Verluste eine Rolle, die sich auf Sicherheiten, wie das häusliches Umfeld, die Familie oder den Beruf beziehen, oder der Verlust von Quellen der Freude, Erholung, Vergnügen oder Wohlgefühl.

Diese Art von Träumen können einen Versuch darstellen, sich mit etwas Wesentlichem zu verbinden.

Sie können Jahrzehntelang immer wieder auftreten.


## Posttraumatische Träume

In diesen Bildern zeigen sich reale traumatische Erlebnisse, die einen großen Eindruck hinterlassen haben.

Sie wiederholen sich oft so lange, bis das Trauma aufgelöst wird. Psychologen und Schlaflabore können dabei helfen.

**Albträume**

Albträume stellen ein Angstphänomen dar.

Im Verlauf von Albträumen steigen Puls und Atemfrequenz.

Albträume zeigen sich meistens in der REM – Phase. Oft treten sie in der zweiten Nachthälfte auf.

Sie enthalten meistens so viele negative Bilder, dass diese zum Erwachen führen.

Durch das schnelle Aufwachen können sich die Betreffenden oft an viele Eindrücke erinnern.

Die Themen drehen sich um Verfolgung (zu ca. 50 %), um Bedrohung (ca. zu 20 %), Gefahr für Nahestehende (ca. 20 %), den eigenen Tod oder Fallen ins Bodenlose.

Ungefähr 5 % der Erwachsenen leiden ein Mal pro Woche an Albträumen, Frauen häufiger, als Männer.

Auffällig oft tauchen Albträume bei 5 jährigen Kindern auf.

Als Ursache wird eine genetische Veranlagung vermutet.

Außerdem können Stress, posttraumatische Belastungsstörungen, Depressionen, Nebenwirkungen von Medikamenten oder starker Alkoholkonsum oder Drogen eine Rolle spielen.

Sensible, kreative und mitfühlende Personen neigen leichter zu Albträumen.

Die Bilder aufzuschreiben oder eine Zeichnung anzufertigen wird als Therapiemaßnahme empfohlen. Anschließend kann nach Parallelen in realen Erlebnissen gesucht werden, um mit ihnen zu arbeiten.

Es hilft auch, sich die Situationen des Traumes mit einem anderen Verlauf vorzustellen; – zum Beispiel kann hierbei der Verfolger angesprochen oder helfende Person hinzugezogen werden.


**Außersinnliche Träume**

Diese Träume sind schwer zu erforschen, obwohl sie nachweisbar existieren.

Die Sensibilität ist in der entspannten Traumphase höher, als im Wachzustand, wo äußere Pflichten davon abhalten, sich auf tiefe Emotionen einzulassen.

Jeder Mensch ist fähig, vorausschauend und kalkulierbar wahrzunehmen.

Dennoch kommen auch Traumbilder vor, die wie telepathische Nachrichten aus der Psyche einer anderen Person wirken, oder hellsichtige Vorahnungen von Ereignissen, die noch nicht stattgefunden haben.

# Die Traum Deutung

Manche Forscher vermuten hinter Träumen zufällige Nervenreaktionen ohne konkrete Hinweise oder Verbindungen.
Andere Wissenschaftler sehen in den nächtlichen Bildern individuelle, konkrete Informationen.

Siegmund Freud (6.5.1856 – 23.9.1939) sah das Träumen als Überdruckventil für überhitzte Triebe an und zog Verbindungen zu unerfüllten Sehnsüchten und Wünschen der kindlichen Entwicklungsphasen. Diese verdrängten Impulse wurden seiner Meinung nach in einem kürzlich vergangenen Ereignis angesprochen und suchen als Traum nach Ausdrucksmöglichkeiten.
Laut Freud dienen Träume zum Verhüllen von Sehnsüchten.
Freud definierte überwiegend in längliche Symbole den Penis und in hohle Formen die Vagina.

Freud und C. G. Jung sahen Traumsymbole als individuell an, tendierten beide aber auf ihre Weise zu speziellen Zuordnungen.

Carl Gustav Jung (26.7.1875 – 6.6.1961) sah in Traumbildern Assoziationen zu allgemein geltenden Archetypen. Träume reichen seiner Meinung nach über den Bereich des persönlichen Unterbewussten hinaus bis in das kollektive Unbewusste.
Er wies Traumbildern zukunftsweisende und heilende Informationen zu.
Laut Jung dienen Träume zum <u>Enthüllen</u> von Sehnsüchten.

Allan Hobson (3.6.1933 – 7.7.2021) erklärte 1971, dass Träume nur „Abgase des Gehirns" wären, die keine verschlüsselten Botschaften enthalten.
Er war der Auffassung, das logisches Denken während des Träumens inaktiv ist, und deshalb die aktiven Neuronen zufällige Erregungsmuster produzieren.

Der Neurologe Michel Jouvet (16.11.1925 – 3.10.2017) vertrat die These, dass Traumbilder zur Programmierung des Gehirns gehören und notwendig für die Erhaltung der psychischen Identität seien.

Frederick S. Perls (8.7.1893 – 14.3.1970) sah Traumelemente als Zeichen für unerledigte Aufgaben und bezeichnete sie als „emotionale Löcher".

Die Bilder der Träume entstammen dem Datenspeicher im Gehirn.
Deshalb spiegeln Träume Eindrücke aus unserer Kultur, dem persönlichen Umfeld und dem Erlebten, der Vergangenheit wider.
Aber Personen und Orte können ihre Positionen tauschen, reale Erlebnisse mischen sich unter irreale Bilder, Zeitabläufe verschmelzen miteinander. Naturgesetze und Logik setzen aus. Im Traum geschieht alles spontan.
Beim Erwachen bleibt eine getrübte Erinnerung und Emotionen zurück.
Träume können zu Wohlgefühl und sogar seelischer Heilung führen, wenn der Hintergrund analysiert und begriffen wird. Die Informationen können erlösende Aspekte beinhalten.
Unsere Verwundbarkeit wird durch vergangene Erlebnisse geprägt, die sich in unseren Träumen zeigen können. Die innere Zerrissenheit zeigt sich in Bildern, die wiederum Lösungsmöglichkeiten enthalten.

Träume können alte, verborgene emotionale Wunden sichtbar machen und dadurch heilen.
Sie können Probleme aus einer anderen Sichtweise zeigen und assoziieren sie mit vorhandenen Bildern.
Wenn die Darstellungen bis in die frühe Kindheit zurück gehen, sind diese oft emotional mit aktuellen Eindrücken verbunden.
Hinterlässt ein reales Ereignis einen anhaltenden emotionalen Eindruck, kann sich dieser im Traum äußern.
Farben in Träumen können eine Rolle spielen. Sie werden aber eher nicht herkömmlich gedeutet, sondern mit individuellem Bezug.

Durch Träume können sich unerforschte Bereiche der Seele und der Persönlichkeit öffnen.
Die Identität kann erforscht und das Selbst herausgefordert werden.
Träume stehen in einger Verbindung zu unserer Lebensgeschichtc und können Schritte in die transparente Mitte unseres Selbst aufzeigen.

Um Träume intensiv wahrzunehmen, muss man sich bewusst machen, dass sie persönliche Nachrichten enthalten.

Manchmal zeigen sich Lösungsmöglichkeiten erst im weiteren Verlauf auf, wenn der Trauminhalt im Wachbewusstsein mehrmals überdacht wurde.

Die meisten Traumerinnerungen lösen sich beim Erwachen auf.
Es ist gut, dass wir uns nicht an alle Träume erinnern, weil wir viele Emotionen in das Wachbewusstsein mitnehmen, was der Realität und dem Alltag viel Aufmerksamkeit abverlangen kann.

# Anregungen zur Deutung

## Menschen

Ein wichtiger Aspekt stellt für Menschen die
Beziehung zu anderen Personen dar. Deshalb
findet sich dieses Thema oft in Träumen.
Figuren stellen selten wirklich die Personen dar,
die im Traum erscheint, als vielmehr mit diesem
Menschen verbundene Gefühle und Eigenschaften.
Träume von Säuglingen und Kleinkindern können
auf einen Neubeginn hinweisen.
Schattengestalten können mit Ablehnung oder
Bedrohung assoziiert werden.
Maskierte Menschen zeigen Unehrlichkeit,
Vertuschen oder Verstecken an.

## Haus, Raum, Umwelt

Oft weist das Umfeld im Traum und die
Darstellung von Personen auf den Charakter
des Träumenden hin.
Sie zeigen, was er mag, begehrt und vermisst.

## Flugträume

Die Darstellung des Fluges kann verschiedene Formen annehmen; eine Person (oder ein Gegenstand) kann durch die Luft fliegen, gehen, stolpern, hüpfen oder darin stehen.

Reisen können mit Flugzeugen, Hubschraubern, Heißluftballons oder Raketen unternommen werden.

Mit Flugträumen lassen sich Zufriedenheit, Leichtigkeit, Rausch, Kompetenz, Erfolg, Überlegenheit und (leichter) Fortschritt in Verbindung bringen. Ehrgeizige Pläne und hohe Ziele können sich zeigen, der Träumer möchte die Übersicht behalten. Durch die Weitsicht können ungewöhnliche Entdeckung gemacht werden.

Flugträume können Vorboten neuer Ereignisse im Leben sein.

Flügel können aber auch zerstreuend wirken, sie teilen Energien. Vielleicht ist auch jemand Luft für den Träumenden.

Die Gefühle, die Aktivitäten und das Umfeld spielen eine wichtige Rolle bei der Deutung.

**Fallträume**

Fallen oder stürzen kann sich in unterschiedlichen Formen präsentieren, wie zum Beispiel sich selbst oder andere im Fall sehen, kippend oder vorsätzlich springend.

Fallträume erinnern an Kontrollverlust und Hilflosigkeit, an das Fehlen von Stütze, Basis oder Fundament. Sie können auf Verluste aller Art hinweisen; – der Tod von Nahestehenden, Verlust von Ansehen oder eine angegriffene Lebensbasis.

Vielleicht hat der Träumer auch den Boden unter den Füßen verloren und sich zu hohe Ziele gesetzt.

## Sexuelle Träume

Diese Traumbilder müssen nicht direkt mit Sexualität verbunden sein. Sie ziehen eher Parallelen zu sozialen Regeln und Zwängen und damit verbundenen Problemen.

Während der Jugend (Pubertät) und im Alter zwischen 40 und 55 Jahren treten sexuelle Träume vermehrt auf, was mit der Hormonumstellungen zusammenhängen kann.

Sie können auf starke Gegensätze hinweisen, auf Differenzen mit Über – und Unterlegenheit, mit Intimität und Distanz oder mit Kontrolle und Kontrollverlust. Die Verbindung zwischen Verstand und Gefühl, zwischen Erleben und Denken wird vermittelt.

Der Wunsch nach Rückzug oder das Bedürfnis nach Vertrauen und liebevollem Umgang kann sich zeigen. Sexuelle Träume sind mit Energie und Bewegung verbunden, mit Lebensfreude und Kraft.

Ursache können aber auch unerfüllte sexuelle Wünsche sein.

**Zähne**

Die Zähne sind für die Ernährung wichtig und Nahrung stellt eine Grundlage des Lebens dar.

Sie können mit dem Nachlassen der Lebenskräfte in Verbindung stehen, mit der Entwicklung und dem Wachstum.

Zähne zu zeigen und sich durchbeißen können beweist Mut, Stärke und Durchhaltevermögen.

Der Verlust von Zähnen kann mit Ängsten, Verlegenheit, Peinlichkeit und Unsicherheit verbunden sein.


**Wasser**

Bei Träumen von Wasser ist die Form, Farbe, Bewegung und Tiefe besonders wichtig.

Ein aufwallendes, stürmisches Meer wird mit aggressiven und unkontrollierbaren Kräften assoziiert, wogegen ein stiller Teich beruhigend wirkt.

Der Wasserkrcislauf hält das Leben aufrecht und kann für den persönlichen Strom des Lebens stehen.

Das Unbewusste, das nicht Sichtbare, kann sich unter Wasser befinden.

Wasser kann sich in unterschiedlichen Umgebungen zeigen, – es kann als Wasserfall, als Flusslauf, als Bach, Teich, Meer oder See erscheinen.
Bei der Deutung sind alle Aspekte der Umgebung und des Wassers wichtig.


**Nacktheit**
Von Nacktheit zu träumen kann auf Peinlichkeit und Scham hinweisen, aber auch auf Selbstbewusstsein, Authentizität und auf Vertrauen; – man wagt sich zu zeigen, wie man ist. Vielleicht fühlt sich der Träumer aber auch durchschaut, – von sich selbst oder von anderen. Sie kann auch Angst vor Nähe und Intimität präsentieren.


**Tod**
Ein Traum vom Tod kann für Gram, Verzweiflung und Verlust stehen, aber auch für einen Neubeginn. Das Ende eines Projektes führt in einen neuen Lebensabschnitt.
Sehr entscheidend sind hierbei die Umstände und Details des Traums.

**Verfolgung**

In Träumen mit Verfolgungssituationen drängt sich etwas oder jemand auf. Eine Herausforderung kann darin bestehen, etwas anzunehmen, dem man sich verweigert oder das man verleugnet. Angst und Unsicherheit leiten zur Flucht oder zum Verstecken an, anstatt in die Konfrontation zu gehen.

Unsicherheit gegenüber einem notwendigen Schritt kann angezeigt sein.

**Tiere**

Tiere leben Instinktgebunden und folgen ihren angeborenen Mechanismen. Sie arrangieren sich mit der Natur.

Tiere in Träumen können auf die eigenen Instinkte hinweisen und die Intuition wecken.

Bei der Deutung sind Charakter und Verhalten der Traumtiere wichtig, die Umgebung in der sie auftauchen und auch ihr Erscheinungsbild.

**Farben in Träumen**

In Träumen vorkommende Farben ziehen meistens Verbindungen zu prägenden Eindrücken aus der Vergangenheit.

Für die Analyse ist das individuelle Gefühl wichtig, das die Farbe in dem Traum vermittelt, oder das mit ihr verbundene Symbol.
Farben sind immer mit Lebendigkeit verbunden.

**Grün** kann seine Bedeutung in der Ernährung, der Pflege oder Gesundheit darstellen. Es steht mit Pflanzen und Fauna und dadurch mit Wachstum und Durchsetzung in Verbindung.
Es kann aber auch auf Unausgeglichenheit und Unreife  hinweisen.
Grün wird oft mit Reisen in Verbindung gebracht.

**Rot** wirkt dynamisch, antreibend und auch aggressiv und kann sich auf Erregung, Zorn oder Leidenschaft beziehen. Es ist die Farbe der Liebe, der Romantik und Erotik.
Rosa vermittelt Leichtigkeit und Sehnsucht.

**Gelb** wirkt aufhellend, erheiternd, aufregend, kann aber auch auf Furcht, Neid und Eifersucht hinweisen.
Es erinnert an Gold und Glanz und ist mit Kommunikation und Intellekt verbunden.
Orange vermittelt Mitgefühl, Lebensfreude und Wärme.

**Blau** kann Kühle, Introvertiertheit oder Melancholie darstellen. Es steht auch für Schutz, Treue, Weiblichkeit, Wahrheit, Ruhe und Frieden.

**Schwarz** ist keine Farbe, sondern eine Form von Lichtlosigkeit. Es kann Trauer wie auch Trost in sich tragen. Oft wird Schwarz mit einem Ende oder einem Neuanfang interpretiert. Es trägt das Ungewisse und Unerkannte in sich.
Alles wird aus der Dunkelheit heraus geboren.

**Weiß** trägt alle Farben in sich. Es steht für Reinheit, Unberührtheit und Sensibilität.
Auch in Form eines Totentuches kann Weiß die Hoffnung für einen Neuanfang zeigen.

## Traumtagebuch

Für die Deutung ist es wichtig, sich die Gefühle während des Traums bewusst zu machen.
Reichen die Emotionen bis in den Wachzustand hinein?
Jede Figur, Objekt, Symbol usw. ist für die Deutung wichtig, alles muss einzeln betrachtet, und nach möglichst vielen Assoziationen gesucht werden. Je mehr Synonyme und Beschreibungen notiert werden, desto wahrscheinlicher ist eine passende Parallele dabei.
Oft scheut man sich, auf unangenehme Gefühle, Situationen und Aktionen zu schauen. Aber gerade negativ wirkende Emotionen können Kerninhalte zeigen.
Persönliche Symbole spielen eine besondere Rolle, deshalb ist es wichtig, sie gesondert zu notieren. Unter persönlichen Symbolen werden Dinge verstanden, zu denen man sofort einen Bezug herstellen kann. Eine alphabetische Liste dieser Symbole kann hilfreich sein, um die Häufigkeit und die Verbindungen zu anderen Assoziationen zu verdeutlichen.
Auch Wiederholungen sind sehr wichtig, egal, ob sie als großes Bild oder als kleines Detail auftauchen.

Nur durch das Wahrnehmen dieser Feinheiten ist es möglich, den Sinn von Träumen miteinander zu verknüpfen.

Die Erinnerungen sollen möglichst wertfrei und objektiv notiert werden, meistens reichen Stichpunkte aus. Als Alternative eignen sich auch Sprachaufzeichnungen oder Skizzen.

Die Wiederholungen von Traumsymbolen oder auch Assoziationen zeigen letztendlich den Kern der Traumnachricht.

**Das Traumtagebuch:**

- Datum, ggf. auch Titel zuerst notieren

- die Gedanken vor dem Einschlafen aufschreiben

- das Gefühl beim Erwachen notieren

- viele Details der Träume aufzeichnen; – Stimmungen, Symbole, Szenen, Figuren

- die eigene Person im Traum formulieren

- möglichst viele Assoziationen auflisten

- Persönliche Symbolliste anfertigen

# Wegbereiter

Im Altertum galten Träume als übernatürliche Botschaften der Götter, als Rat, Warnung, Ermutigung oder Omen und Prophezeiungen. Albträume wurden auch als Werke von Dämonen angesehen.

Bei den Griechen sorgen die beide Söhne des Gottes Hypnos für Ruhe; – Morpheus für den Schlaf und sein Zwillingsbruder Thanatos für den Tod.

Die erste systematische Liste von Traumsymbolen stammt aus Ägypten aus der Zeit 2000 v. Chr. Hierin wurde meistens auf die Gegensätze bei Deutungen hingewiesen; – ein böser Traum stand also für einen positiven Verlauf der Geschehnisse im Wachzustand.

Auf den Tafeln von Ninive (700 v. Chr.) in der Bibkliothek von Assyrien, berufen sich die Deutungen auf Assoziationen mit der Landesgeschichte.

Heraklit (520 – 460 v. Chr.) sah in den Traumerlebnissen außersinnliche Wahrnehmungen.

Aristoteles (400 v. Chr.) bezweifelte, dass Träume von Göttern geschickt werden. Er führte Träume auf persönliche Sinneindrücke zurück.

Hippokrates (460 – 375 v. Chr.) zog individuelle Traumsymbole zur Deutung hinzu und suchte direkte Verbindungen zum Träumenden.

Epikur von Samos (341 – 271 v. Chr.) sah in Träumen weder eine göttliche, noch eine prophetische Kraft, sondern die individuelle Wahrnehmung des Alltags.

Augustus (354 – 430 n. Chr.) führte Träume auf Hexerei und Aberglaube zurück.

Im alten China waren die Menschen der Ansicht, dass der Geist im Schlaf den Körper verlässt und herumirrt, und erklärten dadurch die bewegten Bilder.

Das Volk der Fellachen schlief mit einem Turban, damit die Seele im Schlaf nicht aus dem Kopf entweichen konnte und in Kenia weckte man Menschen nicht auf, damit der herum streifende Geist rechtzeitig zurückkehren konnte.

## Berühmte Träume

* Kaiser Konstantin der Große (273 – 337 n. Chr.) zog mit einem Kreuz auf der Fahne in den Krieg, weil er vorher geträumt hatte, mit diesem Zeichen zu gewinnen.

* Friedrich August Kekulé von Stradnitz träumte vom Benzolring, den er anschließend entdeckte.

* Robert Louis Stevenson träumte seinen Bestseller „Die Schatzinsel".

* Bram Stoker träumte von Dracula und beschrieb ihn so ausführlich, dass wir uns heute noch gruseln.

* Abraham Lincoln wohnte im Traum seiner eigenen Beerdigung bei.

## Literaturhinweise und Quellen:

Wer besser schläft, ist länger wach
von Dr. Michael Despeghel

Die nächtliche Traumwelt
von Michael Schredl

Mit Träumen arbeiten
von Montague Ullmann und Nan Zimmerman

Das Buch der Traumdeutung
von Klausbernd Vollmar

In der Serie
„Books to go with you – Bildung und Inspiration
für die Jackentasche"
sind bisher außerdem erschienen:


**\* Grundlagen chinesischer Heilkunst** - Eine
Einführung in Traditionelle Chinesische Medizin

**\* EQ – Das Herz im Hirn** - Ein Leitfaden für
den Alltag mit emotionaler Intelligenz

**\* Power für die Seele** – Ein Leitfaden für
den Alltag mit Positiver Psychologie

**\* Chakren, die Energiewirbel** – Eine Einführung
in die Energie der Chakren

**\* Die Seelen der Farben** – Leitfaden für einen
farbenfrohen Alltag